SEGHERS JEUNESSE

Dirigé par Bruno Doucey

Dans la même collection

Jacques Roubaud, *Les Animaux de tout le monde*
Postface de Dominique Moncond'huy

Jacques Roubaud, *Les Animaux de personne*
Postface de Dominique Moncond'huy

Italo Calvino, *Forêt-Racine-Labyrinthe*
Postface de Benoît de La Brosse

Guillevic, *Pas si bêtes !*
Postface de Danièle Henky

J.-M.G. & Jémia Le Clézio, *Sirandanes*
Postface de Danièle Henky

Paul-Émile Victor, *Poèmes eskimo*
Postfaces d'Anne Dieusaert et de Danièle Henky

Ré & Philippe Soupault, *L'Étoile et le Nénuphar et autres contes*
Postface de Michaël Batalla

Ré & Philippe Soupault, *Histoires merveilleuses du Brésil*
Postface de Michaël Batalla

FABULEUX FABULISTES

Anthologie établie
par Dominique Moncond'huy

SEGHERS JEUNESSE

Loi n°49-5959 du 16 juillet 1959
sur les publications destinées à la jeunesse

ISBN 978-2-232-12272-9

ÉSOPE
(VIe siècle avant Jésus-Christ)

Le pêcheur et le picarel

Un pêcheur, ayant laissé couler son filet dans la mer, en retira un picarel. Comme il était petit, le picarel supplia le pêcheur de ne point le prendre pour le moment, mais de le relâcher en considération de sa petitesse. « Mais quand j'aurai grandi, continua-t-il, et que je serai un gros poisson, tu pourras me reprendre ; aussi bien je te ferai plus de profit.
– Hé mais ! repartit le pêcheur, je serais un sot de lâcher le butin que j'ai dans la main, pour compter sur le butin à venir, si grand qu'il soit. »

Cette fable montre que ce serait folie de lâcher, sans espoir d'un profit plus grand, le profit qu'on a dans la main, sous prétexte qu'il est petit.

L'homme et le renard

Un homme avait de la rancune contre un renard qui lui causait des dommages. Il s'en empara et, pour en tirer une ample vengeance, il lui attacha à la queue de l'étoupe imbibée d'huile, et y mit le feu. Mais un dieu fit aller le renard dans les champs de celui qui l'avait lancé. Or c'était le temps de la moisson, et l'homme suivait, en déplorant sa récolte perdue.

Il faut être indulgent, et ne pas s'emporter sans mesure ; car il arrive souvent que la colère cause de grands dommages aux gens irascibles[1].

1. Qui s'emportent facilement.

Les bœufs et l'essieu

Des bœufs traînaient un chariot. Comme l'essieu grinçait, ils se retournèrent et lui dirent : « Hé ! l'ami, c'est nous qui portons toute la charge, et c'est toi qui cries ! »

Ainsi l'on voit des gens qui affectent d'être fatigués, quand ce sont d'autres qui ont la peine.

Le roseau et l'olivier

Le roseau et l'olivier disputaient de leur endurance, de leur force, de leur fermeté. L'olivier reprochait au roseau son impuissance et sa facilité à céder à tous les vents. Le roseau garda le silence et ne répondit mot. Or le vent ne tarda pas à souffler avec violence. Le roseau, secoué et courbé par les vents, s'en tira facilement ; mais l'olivier, résistant aux vents, fut cassé par leur violence.

Cette fable montre que ceux qui cèdent aux circonstances et à la force ont l'avantage sur ceux qui rivalisent avec de plus puissants.

Le corbeau et le renard

Un corbeau, ayant volé un morceau de viande, s'était perché sur un arbre. Un renard l'aperçut, et, voulant se rendre maître de la viande, se posta devant lui et loua ses proportions élégantes et sa beauté, ajoutant que nul n'était mieux fait que lui pour être le roi des oiseaux, et qu'il le serait devenu sûrement, s'il avait de la voix. Le corbeau, voulant lui montrer que la voix non plus ne lui manquait pas, lâcha la viande et poussa de grands cris. Le renard se précipita et, saisissant le morceau, dit : « Ô corbeau, si tu avais aussi du jugement, il ne te manquerait rien pour devenir le roi des oiseaux. »

Cette fable est une leçon pour les sots.

Le cousin et le lion

Un cousin s'approcha d'un lion et lui dit : « Je n'ai pas peur de toi, et tu n'es pas plus puissant que moi. Si tu prétends le contraire, montre de quoi tu es capable. Est-ce d'égratigner avec tes griffes et de mordre avec tes dents ? Une femme même qui se bat avec son mari en fait autant. Moi, je suis beaucoup plus fort que toi ; si tu veux, je te provoque même au combat. » Et, sonnant de la trompe, le cousin fondit sur lui, mordant le museau dépourvu de poils autour des narines. Quant au lion, il se déchirait de ses propres griffes, jusqu'à ce qu'il renonçât au combat. Le cousin, ayant vaincu le lion, sonna de la trompe, entonna un chant de victoire, et prit son essor. Mais il s'empêtra dans une toile d'araignée, et, se sentant dévoré, il gémissait, lui qui faisait la guerre aux plus puissants, de périr par le fait d'un vil animal, une araignée.

L'âne revêtu de la peau du lion et le renard

Un âne, ayant revêtu une peau de lion, faisait le tour du pays, effrayant les animaux. Il aperçut un renard et voulut l'effrayer aussi. Mais le renard, qui avait justement entendu sa voix auparavant, lui dit : « N'en doute pas, tu m'aurais fait peur à moi aussi, si je ne t'avais entendu braire. »

C'est ainsi que des gens sans éducation, qui, par leurs dehors fastueux[1], paraissent être quelque chose, se trahissent par leur démangeaison de parler.

1. Leur apparence magnifique.

PHÈDRE
(Ier siècle après Jésus-Christ)

Le chien qui lâche sa proie pour l'ombre

Qui désire le bien d'autrui mérite de perdre le sien.

Portant un morceau de viande, un chien traversait à la nage une rivière lorsqu'il vit son image dans le miroir des eaux ; croyant qu'un autre chien portait une autre proie, il voulut la lui dérober. Avidité tôt punie ; il lâcha le morceau qu'il tenait dans sa gueule sans pour autant pouvoir atteindre celui qu'il convoitait.

La grenouille qui veut se faire aussi grosse que le bœuf

À vouloir imiter les puissants, le pauvre court à sa perte.

Un jour, une grenouille vit un bœuf dans un pré. Prise de jalousie devant une si grande taille, elle gonfla sa peau rugueuse puis demanda à ses enfants si elle était plus large que le bœuf. Ils lui dirent que non. De nouveau elle tendit sa peau de toutes ses forces et demanda une nouvelle fois qui était le plus gros. Ils lui dirent que c'était le bœuf. Vexée, elle voulut enfin se gonfler davantage encore – si bien qu'elle éclata : son corps tomba à terre.

L'homme et le serpent

Qui apporte de l'aide aux méchants finit par le regretter.

Tout raidi par le froid, un serpent fut ramassé par un homme ; pris de pitié, celui-ci le réchauffa sur sa poitrine. Mal lui en prit car, dès qu'il eut retrouvé des forces, le serpent le tua. Comme un autre serpent l'interrogeait sur la raison de ce crime, il répondit : « C'est pour apprendre à ne pas aider les méchants. »

Les deux chauves

Au coin d'une rue, un homme chauve trouva par hasard un peigne. Survint un autre homme, sans cheveux lui aussi. « Holà, dit-il, on partage, quelle que soit la trouvaille ! » Le premier montra ce qu'il avait trouvé en disant : « Les dieux nous étaient favorables mais le sort malveillant nous a réservé, comme on dit, un morceau de charbon à la place d'un trésor. »

Qui a vu son espoir déçu peut reprendre cette plainte à son compte.

MARIE DE FRANCE
(XIIe siècle)

Le renard et le reflet de la lune

On raconte qu'un renard, une nuit,
était sorti pour se promener.
Passant auprès d'un étang,
il regarda l'eau
et y vit l'ombre de la lune
– mais il ignorait ce que c'était.
Alors il crut avoir vu un grand fromage.
Il se mit à laper l'eau,
persuadé que si la hauteur de l'eau baissait,
il pourrait attraper le fromage.
D'avoir trop bu, il creva :
il s'écroula et ne se releva plus.
Plus d'un espère, au-delà du raisonnable,
et au-delà de ce qu'il devrait,
obtenir tout ce qu'il souhaite.
Il se retrouve sans vie, mort.

JEAN DE LA FONTAINE
(1621-1695)

La cigale et la fourmi

La cigale, ayant chanté
Tout l'été,
Se trouva fort dépourvue
Quand la bise fut venue :
Pas un seul petit morceau
De mouche ou de vermisseau.
Elle alla crier famine
Chez la fourmi sa voisine,
La priant de lui prêter
Quelque grain pour subsister
Jusqu'à la saison nouvelle.
« Je vous paierai, lui dit-elle,
Avant l'oût, foi d'animal,
Intérêt et principal. »
La fourmi n'est pas prêteuse ;
C'est là son moindre défaut.
« Que faisiez-vous au temps chaud ?
Dit-elle à cette emprunteuse.
– Nuit et jour à tout venant
Je chantais, ne vous déplaise.
– Vous chantiez ? j'en suis fort aise.
Eh bien ! dansez maintenant. »

Le corbeau et le renard

Maître corbeau, sur un arbre perché,
Tenait en son bec un fromage.
Maître renard, par l'odeur alléché,
Lui tint à peu près ce langage :
« Hé ! bonjour, monsieur du corbeau,
Que vous êtes joli ! que vous me semblez beau !
Sans mentir, si votre ramage
Se rapporte à votre plumage,
Vous êtes le phénix des hôtes de ces bois. »
À ces mots le corbeau ne se sent pas de joie ;
Et pour montrer sa belle voix,
Il ouvre un large bec, laisse tomber sa proie.
Le renard s'en saisit, et dit : « Mon bon monsieur,
Apprenez que tout flatteur
Vit aux dépens de celui qui l'écoute :
Cette leçon vaut bien un fromage, sans doute. »
Le corbeau, honteux et confus,
Jura, mais un peu tard, qu'on ne l'y
[prendrait plus.

Le loup et l'agneau

La raison du plus fort est toujours la
[meilleure :
Nous l'allons montrer tout à l'heure.
Un agneau se désaltérait
Dans le courant d'une onde pure.
Un loup survient à jeun, qui cherchait
[aventure,
Et que la faim en ces lieux attirait.
« Qui te rend si hardi de troubler mon
[breuvage ?
Dit cet animal plein de rage :
Tu seras châtié de ta témérité.
– Sire, répond l'agneau, que Votre
[Majesté
Ne se mette pas en colère ;
Mais plutôt qu'elle considère
Que je me vas désaltérant
Dans le courant,
Plus de vingt pas au-dessous d'Elle ;
Et que par conséquent, en aucune façon,
Je ne puis troubler sa boisson.
– Tu la troubles, reprit cette bête cruelle,
Et je sais que de moi tu médis l'an passé.
– Comment l'aurais-je fait si je n'étais pas né ?

Reprit l'agneau ; je tette encor ma mère.
– Si ce n'est toi, c'est donc ton frère.
– Je n'en ai point. – C'est donc quelqu'un
[des tiens :
Car vous ne m'épargnez guère,
Vous, vos bergers, et vos chiens.
On me l'a dit : il faut que je me venge. »
Là-dessus, au fond des forêts
Le loup l'emporte, et puis le mange,
Sans autre forme de procès.

Le chêne et le roseau

Le chêne un jour dit au roseau :
« Vous avez bien sujet d'accuser la nature ;
Un roitelet pour vous est un pesant fardeau.
Le moindre vent, qui d'aventure
Fait rider la face de l'eau,
Vous oblige à baisser la tête :
Cependant que mon front, au Caucase pareil,
Non content d'arrêter les rayons du soleil,
Brave l'effort de la tempête.
Tout vous est aquilon, tout me semble
[zéphyr[1].
Encor si vous naissiez à l'abri du feuillage
Dont je couvre le voisinage,
Vous n'auriez pas tant à souffrir :
Je vous défendrais de l'orage ;
Mais vous naissez le plus souvent
Sur les humides bords des royaumes du vent.
La nature envers vous me semble bien injuste.
– Votre compassion, lui répondit l'arbuste,
Part d'un bon naturel ; mais quittez ce souci.
Les vents me sont moins qu'à vous redoutables.
Je plie, et ne romps pas. Vous avez jusqu'ici
Contre leurs coups épouvantables
Résisté sans courber le dos ;

Mais attendons la fin. » Comme il disait
[ces mots,
Du bout de l'horizon accourt avec furie
Le plus terrible des enfants
Que le Nord eût portés jusque-là dans
[ses flancs.
L'arbre tient bon ; le roseau plie.
Le vent redouble ses efforts,
Et fait si bien qu'il déracine
Celui de qui la tête au ciel était voisine,
Et dont les pieds touchaient à l'empire
[des morts[2].

1. Le zéphyr, vent du printemps, léger et agréable, s'oppose à l'aquilon, vent du nord, violent et souvent menaçant.
2. Les enfers, supposés se trouver dans les profondeurs de la Terre.

Le lion et le moucheron

« Va-t'en, chétif insecte, excrément
[de la terre ! »
C'est en ces mots que le lion
Parlait un jour au moucheron.
L'autre lui déclara la guerre.
« Penses-tu, lui dit-il, que ton titre de roi
Me fasse peur ni me soucie ?
Un bœuf est plus puissant que toi,
Je le mène à ma fantaisie. »
À peine il achevait ces mots
Que lui-même il sonna la charge,
Fut le trompette et le héraut.
Dans l'abord il se met au large,
Puis prend son temps, fond sur le cou,
Du lion, qu'il rend presque fou.
Le quadrupède écume, et son œil étincelle ;
Il rugit ; on se cache, on tremble à l'environ ;
Et cette alarme universelle
Est l'ouvrage d'un moucheron.
Un avorton de mouche en cent lieux
[le harcèle,
Tantôt pique l'échine, tantôt le museau,
Tantôt entre au fond du naseau.
La rage alors se trouve à son faîte montée.

L'invisible ennemi triomphe, et rit de voir
Qu'il n'est griffe ni dent en la bête irritée
Qui de la mettre en sang ne fasse son devoir.
Le malheureux lion se déchire lui-même,
Fait résonner sa queue à l'entour
[de ses flancs,
Bat l'air, qui n'en peut mais[1] ; et sa fureur
[extrême
Le fatigue, l'abat : le voilà sur les dents.
L'insecte du combat se retire avec gloire :
Comme il sonna la charge, il sonne la victoire,
Va partout l'annoncer, et rencontre
[en chemin
L'embuscade d'une araignée ;
Il y rencontre aussi sa fin.

Quelle chose par là nous peut être
[enseignée ?
J'en vois deux, dont l'une est qu'entre
[nos ennemis
Les plus à craindre sont souvent les plus petits ;
L'autre, qu'aux grands périls tel a pu
[se soustraire,
Qui périt pour la moindre affaire.

1. Qui n'y peut rien.

Le lion et le rat

Il faut, autant qu'on peut, obliger tout
[le monde :
On a souvent besoin d'un plus petit que soi.
De cette vérité deux fables feront foi,
Tant la chose en preuves abonde.

Entre les pattes d'un lion
Un rat sortit de terre assez à l'étourdie.
Le roi des animaux, en cette occasion,
Montra ce qu'il était, et lui donna la vie.
Ce bienfait ne fut pas perdu.
Quelqu'un aurait-il jamais cru
Qu'un lion d'un rat eût affaire ?
Cependant il advint qu'au sortir des forêts
Ce lion fut pris dans des rets[1],
Dont ses rugissements ne le purent défaire.
Sire rat accourut, et fit tant par ses dents
Qu'une maille rongée emporta tout
[l'ouvrage.
Patience et longueur de temps
Font plus que force ni que rage.

1. Des filets.

Le petit poisson et le pêcheur

Petit poisson deviendra grand,
Pourvu que Dieu lui prête vie.
Mais le lâcher en attendant,
Je tiens pour moi que c'est folie,
Car de le rattraper il n'est pas trop certain.

Un carpeau, qui n'était encore que fretin[1],
Fut pris par un pêcheur au bord
[d'une rivière.
« Tout fait nombre, dit l'homme en voyant
[son butin :
Voilà commencement de chère et de festin :
Mettons-le en notre gibecière. »
Le pauvre carpillon lui dit en sa manière :
« Que ferez-vous de moi ? je ne saurais fournir
Au plus qu'une demi-bouchée.
Laissez-moi carpe devenir :
Je serai par vous repêchée.
Quelque gros partisan[2] m'achètera bien cher :
Au lieu qu'il vous en faut chercher
Peut-être encor cent de ma taille
Pour faire un plat. Quel plat ? croyez-moi,
[rien qui vaille.

– Rien qui vaille ? Eh bien ! soit, repartit[3]
[le pêcheur ;
Poisson, mon bel ami, qui faites le prêcheur,
Vous irez dans la poêle ; et vous avez beau
[dire,
Dès ce soir on vous fera frire. »
Un tiens vaut, ce dit-on, mieux que deux
[tu l'auras :
L'un est sûr, l'autre ne l'est pas.

1. Tout petit poisson.
2. Financier chargé de collecter les impôts.
3. Répondit.

Le lion s'en allant en guerre

Le lion dans sa tête avait une entreprise.
Il tint conseil de guerre, envoya ses prévôts,
Fit avertir les animaux.
Tous furent du dessein, chacun selon
[sa guise.
L'éléphant devait sur son dos
Porter l'attirail nécessaire
Et combattre à son ordinaire,
L'ours, s'apprêter pour les assauts ;
Le renard, ménager de secrètes pratiques ;
Et le singe, amuser l'ennemi par ses tours.
« Renvoyez, dit quelqu'un, les ânes,
[qui sont lourds,
Et les lièvres, sujets à des terreurs paniques.
– Point du tout, dit le roi ; je les veux
[employer.
Notre troupe sans eux ne serait pas
[complète.
L'âne effraiera les gens, nous servant
[de trompette,
Et le lièvre pourra nous servir de courrier. »
Le monarque prudent et sage

De ses moindres sujets sait tirer quelque
[usage,
Et connaît les divers talents :
Il n'est rien d'inutile aux personnes de sens.

Le lièvre et la tortue

Rien ne sert de courir ; il faut partir à point.
Le lièvre et la tortue en sont un témoignage.
« Gageons, dit celle-ci, que vous n'atteindrez
[point
Sitôt que moi ce but. – Sitôt ? Êtes-vous sage ?
Repartit l'animal léger :
Ma commère, il vous faut purger
Avec quatre grains d'ellébore[1].
– Sage ou non, je parie encore. »
Ainsi fut fait ; et de tous deux
On mit près du but les enjeux :
Savoir quoi, ce n'est pas l'affaire ;
Ni de quel juge l'on convint.
Notre lièvre n'avait que quatre pas à faire,
J'entends de ceux qu'il fait lorsque, prêt
[d'être atteint,
Il s'éloigne des chiens, les renvoie
[aux calendes[2],
Et leur fait arpenter les landes.
Ayant, dis-je, du temps de reste pour brouter,
Pour dormir, et pour écouter
D'où vient le vent, il laisse la tortue
Aller son train de sénateur.
Elle part, elle s'évertue ;

Elle se hâte avec lenteur.
Lui cependant méprise une telle victoire,
Tient la gageure à peu de gloire,
Croit qu'il y va de son honneur
De partir tard. Il broute, il se repose,
Il s'amuse à toute autre chose
Qu'à la gageure. À la fin, quand il vit
Que l'autre touchait presque au bout
[de la carrière[3],
Il partit comme un trait ; mais les élans
[qu'il fit
Furent vains : la tortue arriva la première.
« Eh bien ! lui cria-t-elle, avais-je pas raison ?
De quoi vous sert votre vitesse ?
Moi l'emporter ! et que serait-ce
Si vous portiez une maison ? »

1. Plante médicinale, utilisée notamment contre la folie.
2. Il les renvoie à une date qui n'existe plus (les calendes étant des dates du calendrier romain).
3. Arène, lieu où se déroule la course.

Les animaux malades de la peste

Un mal qui répand la terreur,
Mal que le Ciel en sa fureur
Inventa pour punir les crimes de la terre,
La peste (puisqu'il faut l'appeler par
[son nom),
Capable d'enrichir en un jour l'Achéron[1],
Faisait aux animaux la guerre.
Ils ne mouraient pas tous, mais tous étaient
[frappés :
On n'en voyait point d'occupés
À chercher le soutien d'une mourante vie ;
Nul mets n'excitait leur envie ;
Ni loups ni renards n'épiaient
La douce et l'innocente proie ;
Les tourterelles se fuyaient :
Plus d'amour, partant[2] plus de joie.

Le lion tint conseil, et dit : « Mes chers amis,
Je crois que le Ciel a permis
Pour nos péchés cette infortune ;
Que le plus coupable de nous
Se sacrifie aux traits du céleste courroux,
Peut-être il obtiendra la guérison commune.

L'histoire nous apprend qu'en de tels
[accidents[3]
On fait de pareils dévouements.
Ne nous flattons donc point ; voyons sans
[indulgence
L'état de notre conscience.
Pour moi, satisfaisant mes appétits gloutons,
J'ai dévoré force moutons.
Que m'avaient-ils fait ? Nulle offense ;
Même il m'est arrivé quelquefois de manger
Le berger.
Je me dévouerai donc, s'il le faut ; mais
[je pense
Qu'il est bon que chacun s'accuse ainsi
[que moi :
Car on doit souhaiter, selon toute justice,
Que le plus coupable périsse.
– Sire, dit le renard, vous êtes trop bon roi ;
Vos scrupules font voir trop de délicatesse.
Eh bien ! manger moutons, canaille,
[sotte espèce,
Est-ce un péché ? Non, non. Vous leur fîtes,
[Seigneur,
En les croquant, beaucoup d'honneur.
Et quant au berger, l'on peut dire

Qu'il était digne de tous maux,
Étant de ces gens-là qui sur les animaux
Se font un chimérique empire. »
Ainsi dit le renard ; et flatteurs d'applaudir.
On n'osa trop approfondir
Du tigre, ni de l'ours, ni des autres puissances,
Les moins pardonnables offenses.
Tous les gens querelleurs, jusqu'aux simples [mâtins[4],
Au dire de chacun, étaient de petits saints.
L'âne vint à son tour, et dit : « J'ai souvenance
Qu'en un pré de moines passant,
La faim, l'occasion, l'herbe tendre, et, [je pense,
Quelque diable aussi me poussant,
Je tondis de ce pré la largeur de ma langue.
Je n'en avais nul droit, puisqu'il faut parler [net. »
À ces mots on cria haro[5] sur le baudet.
Un loup, quelque peu clerc[6], prouva par [sa harangue
Qu'il fallait dévorer ce maudit animal,
Ce pelé, ce galeux, d'où venait tout leur mal.
Sa peccadille[7] fut jugée un cas pendable.
Manger l'herbe d'autrui ! quel crime [abominable !

Rien que la mort n'était capable
D'expier son forfait : on le lui fit bien voir.
Selon que vous serez puissant ou misérable,
Les jugements de cour vous rendront blanc
[ou noir.

1. Le fleuve des enfers.
2. Donc.
3. Événements.
4. Gros chien de garde ou de chasse.
5. On le désigne, avec indignation, comme coupable.
6. Instruit.
7. Faute sans gravité.

Le chat, la belette et le petit lapin

Du palais d'un jeune lapin
Dame belette, un beau matin,
S'empara : c'est une rusée.
Le maître étant absent, ce lui fut chose aisée.
Elle porta chez lui ses pénates[1], un jour
Qu'il était allé faire à l'Aurore sa cour
Parmi le thym et la rosée.
Après qu'il eut brouté, trotté, fait tous
[ses tours,
Jeannot Lapin retourne aux souterrains
[séjours.
La belette avait mis le nez à la fenêtre.
« Ô Dieux hospitaliers ! que vois-je ici paraître ?
dit l'animal chassé du paternel logis.
Holà, madame la belette,
Que l'on déloge sans trompette,
Ou je vais avertir tous les rats du pays. »
La dame au nez pointu répondit que la terre
Était au premier occupant.
C'était un beau sujet de guerre
Qu'un logis où lui-même il n'entrait qu'en
[rampant !
« Et quand ce serait un royaume,
Je voudrais bien savoir, dit-elle, quelle loi

En a pour toujours fait l'octroi[2]
À Jean, fils ou neveu de Pierre ou
[de Guillaume,
Plutôt qu'à Paul, plutôt qu'à moi. »
Jean Lapin allégua la coutume et l'usage.
« Ce sont, dit-il, leurs lois qui m'ont de ce logis
Rendu maître et seigneur, et qui, de père
[en fils,
L'ont de Pierre à Simon, puis à moi Jean,
[transmis.
"Le premier occupant", est-ce une loi plus
[sage ?
– Or bien, sans crier davantage,
Rapportons-nous, dit-elle, à Raminagrobis. »
C'était un chat vivant comme un dévot
[ermite,
Un chat faisant la chattemite[3],
Un saint homme de chat, bien fourré,
[gros et gras,
Arbitre expert sur tous les cas.
Jean Lapin pour juge l'agrée.
Les voilà tous deux arrivés
Devant sa majesté fourrée.
Grippeminaud leur dit : « Mes enfants,
[approchez,
Approchez, je suis sourd, les ans en sont
[la cause. »

L'un et l'autre approcha, ne craignant nulle
[chose.
Aussitôt qu'à portée il vit les contestants,
Grippeminaud le bon apôtre,
Jetant des deux côtés la griffe en même
[temps,
Mit les plaideurs d'accord en croquant
[l'un et l'autre.
Ceci ressemble fort aux débats qu'ont parfois
Les petits souverains se rapportant aux rois.

1. Statuettes représentant les Dieux protégeant son foyer.
2. L'a pour toujours donné.
3. Se faisant passer pour une personne douce et modeste.

Le rat et l'huître

Un rat, hôte d'un champ, rat de peu
[de cervelle,
Des lares paternels[1] un jour se trouva soûl[2].
Il laisse là le champ, le grain et la javelle[3],
Va courir le pays, abandonne son trou.
Sitôt qu'il fut hors de la case :
« Que le monde, dit-il, est grand et
[spacieux !
Voilà les Apennins, et voici le Caucase. »
La moindre taupinée était mont à ses yeux.
Au bout de quelques jours, le voyageur arrive
En un certain canton où Thétys[4] sur la rive
Avait laissé mainte huître ; et notre rat
[d'abord
Crut voir, en les voyant, des vaisseaux
[de haut bord.
« Certes, dit-il, mon père était un pauvre sire !
Il n'osait voyager, craintif au dernier point.
Pour moi, j'ai déjà vu le maritime empire :
J'ai passé les déserts, mais nous n'y bûmes
[point. »
D'un certain magister[5] le rat tenait ces choses,
Et les disait à travers champs,

N'étant pas de ces rats qui, les livres rongeant[1],
Se font savants jusques aux dents.
Parmi tant d'huîtres toutes closes
Une s'était ouverte ; et, bâillant au soleil,
Par un doux zéphyr réjouie,
Humait l'air, respirait, était épanouie,
Blanche, grasse, et d'un goût, à la voir,
[non pareil.
D'aussi loin que le rat voit cette huître qui
[bâille :
« Qu'aperçois-je ? dit-il, c'est quelque
[victuaille ;
Et, si je ne me trompe à la couleur du mets,
Je dois faire aujourd'hui bonne chère,
[ou jamais. »
Là-dessus maître rat, plein de belle
[espérance,
Approche de l'écaille, allonge un peu le cou,
Se sent pris comme aux lacs[6] ; car l'huître
[tout d'un coup
Se referme : et voilà ce que fait l'ignorance.
Cette fable contient plus d'un enseignement :
Nous y voyons premièrement
Que ceux qui n'ont du monde aucune
[expérience

Sont, aux moindres objets, frappés
[d'étonnement ;
Et puis nous y pouvons apprendre
Que tel est pris qui croyait prendre.

1. La maison paternelle.
2. Lassé.
3. Brassée de céréales coupées mais pas encore liées en gerbe.
4. Divinité marine chez les Grecs.
5. Homme cultivé mais pédant.
6. Lacets, pièges pour capturer le gibier.

L'âne et le chien

Il se faut entr'aider ; c'est la loi de nature.
L'âne un jour pourtant s'en moqua :
Et ne sais comme il y manqua ;
Car il est bonne créature.
Il allait par pays, accompagné du chien,
Gravement, sans songer à rien,
Tous deux suivis d'un commun maître.
Ce maître s'endormit : l'âne se mit à paître :
Il était alors dans un pré
Dont l'herbe était fort à son gré.
Point de chardons pourtant ; il s'en passa
[pour l'heure :
Il ne faut pas toujours être si délicat ;
Et faute de servir ce plat,
Rarement un festin demeure.
Notre baudet s'en sut enfin
Passer pour cette fois. Le chien, mourant
[de faim,
Lui dit : « Cher compagnon, baisse-toi,
[je te prie :
Je prendrai mon dîner dans le panier au pain. »
Point de réponse, mot : le roussin d'Arcadie[1]
Craignit qu'en perdant un moment
Il ne perdît un coup de dent.

Il fit longtemps la sourde oreille ;
Enfin il répondit : « Ami, je te conseille
D'attendre que ton maître ait fini
[son sommeil ;
Car il te donnera, sans faute, à son réveil,
Ta portion accoutumée.
Il ne saurait tarder beaucoup. »
Sur ces entrefaites, un loup
Sort du bois, et s'en vient : autre bête
[affamée.
L'âne appelle aussitôt le chien à son secours.
Le chien ne bouge, et dit : « Ami, je te conseille
De fuir, en attendant que ton maître s'éveille ;
Il ne saurait tarder : détale vite, et cours.
Que si ce loup t'atteint, casse-lui la mâchoire :
On t'a ferré de neuf ; et, si tu me veux croire,
Tu l'étendras tout plat. » Pendant ce beau
[discours,
Seigneur loup étrangla le baudet sans remède.
Je conclus qu'il faut qu'on s'entr'aide.

1. Le roussin est un cheval robuste. Mais on ne trouve en Arcadie que des ânes...

Le chat et le rat

Quatre animaux divers, le chat Grippe-
[fromage,
Triste-oiseau le hibou, Ronge-maille le rat,
Dame belette au long corsage,
Toutes gens d'esprit scélérat,
Hantaient le tronc pourri d'un pin vieux
[et sauvage.
Tant y furent, qu'un soir à l'entour de ce pin
L'homme tendit ses rets[1]. Le chat, de grand
[matin,
Sort pour aller chercher sa proie.
Les derniers traits de l'ombre empêchent
[qu'il ne voie
Le filet : il y tombe, en danger de mourir ;
Et mon chat de crier ; et le rat d'accourir,
L'un plein de désespoir, et l'autre plein
[de joie ;
Il voyait dans les lacs[2] son mortel ennemi.
Le pauvre chat dit : « Cher ami,
Les marques de ta bienveillance
Sont communes en mon endroit ;
Viens m'aider à sortir du piège où l'ignorance
M'a fait tomber. C'est à bon droit
Que, seul entre les tiens, par amour singulière,

Je t'ai toujours choyé, t'aimant comme
[mes yeux.
Je n'en ai point regret, et j'en rends grâce
[aux Dieux.
J'allais leur faire ma prière,
Comme tout dévot chat en use les matins.
Ce réseau me retient : ma vie est en
[tes mains ;
Viens dissoudre ces nœuds. – Et quelle
[récompense
En aurai-je ? reprit le rat.
– Je jure éternelle alliance
Avec toi, repartit le chat.
Dispose de ma griffe, et sois en assurance :
Envers et contre tous je te protégerai,
Et la belette mangerai
Avec l'époux de la chouette :
Ils t'en veulent tous deux. » Le rat dit : « Idiot !
Moi ton libérateur ? je ne suis pas si sot. »
Puis il s'en va vers sa retraite.
La belette était près du trou.
Le rat grimpe plus haut ; il y voit le hibou :
Dangers de toutes parts ; le plus pressant
[l'emporte.
Ronge-maille retourne au chat, et fait en sorte

Qu'il détache un chaînon, puis un autre,
[et puis tant
Qu'il dégage enfin l'hypocrite.
L'homme paraît en cet instant.
Les nouveaux alliés prennent tous deux
[la fuite.
À quelque temps de là, notre chat vit de loin
Son rat qui se tenait à l'erte[3] et sur ses gardes :
« Ah ! mon frère, dit-il, viens m'embrasser ;
[ton soin
Me fait injure : tu regardes
Comme ennemi ton allié.
Penses-tu que j'aie oublié
Qu'après Dieu je te dois la vie ?
– Et moi, reprit le rat, penses-tu que j'oublie
Ton naturel ? Aucun traité
Peut-il forcer un chat à la reconnaissance ?
S'assure-t-on sur l'alliance
Qu'a faite la nécessité ? »

1. Pièges, filets.
2. Lacets, pièges.
3. En alerte.

La tortue et les deux canards

Une tortue était, à la tête légère,
Qui, lasse de son trou, voulut voir le pays.
Volontiers on fait cas d'une terre étrangère ;
Volontiers gens boiteux haïssent le logis.
Deux canards, à qui la commère
Communiqua ce beau dessein,
Lui dirent qu'ils avaient de quoi la satisfaire.
« Voyez-vous ce large chemin ?
Nous vous voiturerons, par l'air, en Amérique.
Vous verrez mainte république,
Maint royaume, maint peuple ; et vous
[profiterez
Des différentes mœurs que vous remarquerez.
Ulysse en fit autant. » On ne s'attendait guère
De voir Ulysse en cette affaire.
La tortue écouta la proposition.
Marché fait, les oiseaux forgent une machine
Pour transporter la pèlerine.
Dans la gueule, en travers, on lui passe
[un bâton.
« Serrez bien, dirent-ils, gardez de lâcher
[prise. »
Puis chaque canard prend ce bâton par
[un bout.

La tortue enlevée, on s'étonne partout
De voir aller en cette guise
L'animal lent et sa maison,
Justement au milieu de l'un et l'autre oison.
« Miracle ! criait-on : venez voir dans les nues[1]
Passer la reine des tortues.
– La reine ! vraiment oui : je la suis en effet ;
Ne vous en moquez point. » Elle eût
[beaucoup mieux fait
De passer son chemin sans dire aucune chose ;
Car, lâchant le bâton en desserrant les dents,
Elle tombe, elle crève aux pieds
[des regardants.
Son indiscrétion[2] de sa perte fut cause.
Imprudence, babil, et sotte vanité,
Et vaine curiosité,
Ont ensemble étroit parentage.
Ce sont enfants tous d'un lignage[3].

1. Le ciel.
2. Imprudence.
3. D'une même famille.

Le renard et les poulets d'Inde

Contre les assauts d'un renard
Un arbre à des dindons servait de citadelle.
Le perfide ayant fait tout le tour du rempart,
Et vu chacun en sentinelle,
S'écria : « Quoi ! ces gens se moqueront
[de moi !
Eux seuls seront exempts de la commune loi !
Non, par tous les Dieux ! non. » Il accomplit
[son dire.
La lune, alors luisant, semblait, contre le sire,
Vouloir favoriser la dindonnière gent[1].
Lui, qui n'était novice au métier
[d'assiégeant,
Eut recours à son sac de ruses scélérates,
Feignit vouloir gravir, se guinda sur ses pattes,
Puis contrefit le mort, puis le ressuscité.
Arlequin[2] n'eût exécuté
Tant de différents personnages.
Il élevait sa queue, il la faisait briller,
Et cent mille autres badinages[3],
Pendant quoi nul dindon n'eût osé sommeiller,
L'ennemi les lassait en leur tenant la vue
Sur même objet toujours tendue.
Les pauvres gens étant à la longue éblouis,

Toujours il en tombait quelqu'un : autant
[de pris,
Autant de mis à part ; près de moitié
[succombe.
Le compagnon les porte en son garde-manger.
Le trop d'attention qu'on a pour le danger
Fait le plus souvent qu'on y tombe.

1. La race des dindons.
2. Valet de la comédie italienne classique.
3. Plaisanteries.

EUSTACHE LE NOBLE
(1643-1711)

De l'aigle et du corbeau

[...]

Une aigle, on sait qu'elle a dures griffes
[aux doigts,
Le corps puissant, et l'aile forte,
Et que dans les airs elle emporte
Des butins d'un terrible poids,
Une aigle donc un jour en partant de son aire
Où croissaient six petits gloutons
Fut chercher de la proie, et vit sur la bruyère
Paître un troupeau de gras moutons.
De l'œil elle marqua le plus gros de la troupe,
Fit un cercle dans l'air, et fondant sur
[sa croupe,
Le saisit de la griffe, et l'enleva soudain,
Puis charriant sa riche proie,
Elle s'en fut pleine de joie
De ses jeunes aiglons rassasier la faim.
Un corbeau qui vit ce manège
Dans son petit cerveau raisonnant comme
[un fat

Crut qu'il aurait le privilège
De se donner pareil ébat.
« N'ai-je pas ongle et bec, dit-il, et ne pourrai-je
Comme l'aigle enlever de dessus ces sillons
De quoi nourrir aussi mes petits corbillons ? »
Sur une brebis assez grasse
On l'aperçut fondre à ces mots.
Mais il était trop faible, et l'animal trop gros.
Et plus il fait d'efforts, plus le fat embarrasse
Ses pieds entortillés dans la laine du dos.
Il eut beau croasser et bien battre de l'aile,
Appelant au secours ses amis à grands cris,
Le vigilant berger qui faisait sentinelle
Court, le prend, et lui dit : « Qui pensait
[prendre est pris.
Pauvre sot qui voulez vous égaler à l'aigle,
Vous êtes un plaisant oiseau,
L'aigle le fait, est-ce une règle
Pour un imbécile corbeau ? »

Moralité

Il ne faut pas que l'Exemple de ceux qui peuvent plus que nous, nous porte à entreprendre des choses qui sont au-dessus de nos forces. Ils réussissent, et nous succombons, parce que nous n'avons pas la même puissance pour arriver au même succès.

HOUDAR DE LA MOTTE
(1672-1731)

La ronce et le jardinier

La ronce un jour accroche un jardinier :
« Un mot, lui dit-elle, de grâce ;
Parlons de bonne foi, Gros-Jean, suis-je
[à ma place ?
Que ne me traites-tu comme un arbre
[fruitier ?
Que fais-je ici plantée en haye,
Que servir de Suisse[1] à ton clos ?
Mets-moi dans ton jardin, et par plaisir essaye
Quel gain t'en reviendra ; je te le promets
[gros.
Tu n'as qu'à m'arroser, me couvrir de la bise :
Je m'engage à rendre à tes soins
Des fruits d'une saveur exquise,
Et des fleurs qui vaudront roses et lys
[au moins.
J'en pourrais dire davantage ;
Mais j'ai honte de me louer.
Mets-moi seulement en usage,
Et je veux que dans peu tu viennes m'avouer

Que je vaux moins au parler qu'à l'ouvrage. »
C'est en ces mots que s'exhalaient
L'amour-propre et l'orgueil de la plante
[inutile.
Gros-Jean la crut en imbécile.
Du temps que les plantes parlaient,
On n'était pas encore habile.
On transplante la ronce ; on en fait espalier.
Loin qu'on s'en fie à la rosée
Quatre fois plutôt qu'une elle était arrosée ;
Pour elle ce n'est trop de Gros-Jean tout
[entier.
Comme elle l'a promis, elle se multiplie ;
Elle étend sa racine, et ses branches au loin.
Sous ses filets armés tout se casse, tout plie ;
Fruits, potagers, tout meurt ; les fleurs
[deviennent foin.
Gros-Jean reconnut la folie,
Et n'en crut plus les plantes sans témoin.

Pour qui se vante point d'oreilles.
Telles gens sont bientôt à bout.
À les entendre, ils font merveille ;
Laissez-les faire, ils gâtent tout.

1. Servir de garde suisse.

GUILLAUME-ANTOINE LE MONNIER
(1721-1797)

Le lion cruel

Au bonheur d'un méchant
Ne portons point envie,
Attendons la fin de sa vie :
Un châtiment tardif est le plus effrayant.

Un lion, le fléau de tout son voisinage,
Dans les bois d'alentour exerçait sa fureur.
Son goût, plus que la faim, l'animait au
[carnage,
À régner sur des os il mettait son honneur ;
Son antre en était plein. Tout le long
[des murailles
En bel ordre on voyait les squelettes, les peaux
Des infortunés animaux
Qu'il avait égorgés dans cent et cent batailles.
Il savait qu'un guerrier doit tendre les drapeaux
Qu'il a conquis sur ses rivaux.

Ces tristes ornements appelaient la vengeance.
Jamais on ne l'appelle en vain ;

Elle marche à pas lents, mais elle arrive enfin.
Les peaux se desséchant perdirent
[leur substance,
Les puces y mouraient de faim.
Sur l'animal cruel ces puces se jetèrent,
Tant et si bien le tourmentèrent,
Que comme un forcené seigneur lion mourut.
À sa mort on dansa, c'est tout ce qu'il en fut.

JEAN-PIERRE DE FLORIAN
(1755-1794)

Le vacher et le garde-chasse

Colin gardait un jour les vaches de son père ;
Colin n'avait pas de bergère,
Et s'ennuyait tout seul. Le garde sort du bois :
« Depuis l'aube, dit-il, je cours dans cette plaine
Après un vieux chevreuil que j'ai manqué
[deux fois,
Et qui m'a mis tout hors d'haleine.
– Il vient de passer par là-bas,
Lui répondit Colin : mais si vous êtes las,
Reposez-vous, gardez mes vaches à ma place,
Et j'irai faire votre chasse :
Je réponds du chevreuil. – Ma foi, je le veux
[bien ;
Tiens, voilà mon fusil, prends avec toi
[mon chien :
Va le tuer. » Colin s'apprête,
S'arme, appelle Sultan. Sultan, quoiqu'à
[regret,
Court avec lui vers la forêt.

Le chien bat les buissons : il va, vient, sent,
[arrête,
Et voilà le chevreuil... Colin, impatient,
Tire aussitôt, manque la bête,
Et blesse le pauvre Sultan.
À la suite du chien qui crie,
Colin revient à la prairie.
Il trouve le garde ronflant ;
De vaches, point ; elles étaient volées.
Le malheureux Colin, s'arrachant les cheveux,
Parcourt en gémissant les monts et les vallées :
Il ne voit rien. Le soir, sans vaches, tout
[honteux,
Colin retourne chez son père,
Et lui conte en tremblant l'affaire.
Celui-ci, saisissant un bâton de cormier,
Corrige son cher fils de ses folles idées,
Puis lui dit : « Chacun son métier,
Les vaches seront bien gardées. »

Le grillon

Un pauvre petit grillon
Caché dans l'herbe fleurie
Regardait un papillon
Voltigeant dans la prairie.
L'insecte ailé brillait des plus vives couleurs ;
L'azur, le pourpre et l'or éclataient sur
[ses ailes ;
Jeune, beau, petit-maître, il court de fleurs
[en fleurs,
Prenant et quittant les plus belles.
« Ah ! disait le grillon, que son sort et le mien
Sont différents ! Dame nature
Pour lui fit tout, et pour moi rien.
Je n'ai point de talent, encor moins
[de figure ;
Nul ne prend garde à moi, l'on m'ignore
[ici-bas :
Autant vaudrait n'exister pas. »
Comme il parlait, dans la prairie
Arrive une troupe d'enfants :
Aussitôt les voilà courant
Après ce papillon, dont ils ont tous envie.
Chapeaux, mouchoirs, bonnets, servent
[à l'attraper ;

L'insecte vainement cherche à leur échapper,
Il devient bientôt leur conquête.
L'un le saisit par l'aile, un autre par le corps ;
Un troisième survient et le prend par la tête :
Il ne fallait pas tant d'efforts
Pour déchirer la pauvre bête.
« Oh ! oh ! dit le grillon, je ne suis plus fâché ;
Il en coûte trop cher pour briller dans
[le monde.
Combien je vais aimer ma retraite
[profonde ! »
Pour vivre heureux, vivons caché.

La guenon, le singe et la noix

Une jeune guenon cueillit
Une noix dans sa coque verte ;
Elle y porte la dent, fait la grimace… « Ah ! [certes,
Dit-elle, ma mère mentit
Quand elle m'assura que les noix étaient [bonnes.
Puis, croyez aux discours de ces vieilles [personnes
Qui trompent la jeunesse ! Au diable soit [le fruit ! »
Elle jette la noix. Un singe la ramasse,
Vite entre deux cailloux la casse,
L'épluche, la mange, et lui dit :
« Votre mère eut raison, ma mie :
Les noix ont fort bon goût, mais il faut [les ouvrir.
Souvenez-vous que, dans la vie,
Sans un peu de travail on n'a point de plaisir. »

ALEXIS PIRON
(1689-1773)

La neige

Ce qu'en peu de temps l'œil étonné voit
[naître,
En peu de temps s'évanouit ;
Et tout ce qui nous éblouit,
N'est pas longtemps à disparaître.
La neige par les airs tombait à gros flocons ;
Elle eut bientôt blanchi la plaine,
[les montagnes,
Les prés, les bois et les vallons.
La voilà qui se croit la reine des campagnes.
Flore n'était plus rien : sa plus vive couleur
N'eut jamais un éclat pareil à sa blancheur :
Jamais Palès n'eut un si vaste empire :
Faune et Bacchus étaient des dieux
[à dédaigner ;
Et les fiers Aquilons qui la faisaient régner,
Ne devaient plus jamais laisser régner Zéphyr.
Elle pensait ainsi, quand, les vents apaisés,
Le soleil perça le nuage,
Et la fondit, à l'avantage
De ceux qu'elle avait méprisés.

ANTOINE VITALLIS
(fin XVIIIe siècle)

Le caméléon et les oiseaux

Un corbeau s'écriait : « Vive la couleur noire ! »
Un caméléon l'entendit,
Et vite noir il se rendit.
C'est pour lui chose aisée, à ce que dit
[l'histoire,
De changer de couleur comme on change d'habit.
Une colombe sur sa branche,
Un vieux cygne sur son étang,
De s'écrier aussi : « Vive la couleur
[blanche ! »
Et le caméléon de blanchir à l'instant.
« Fi du blanc et du noir ! rien n'est beau que
[le jaune, »
Dit à son tour un loriot.
« Non, c'est le gris », dit un pierrot.
« Pour moi, c'est le vert que je prône »,
Dit une perruche aussitôt.
Et mon caméléon, toujours preste et docile,
Qui se rend tour à tour et jaune, et vert,
[et gris,

Croyait par là se faire des amis
  Parmi l'espèce volatile ;
  Mais passant, toujours indécis,
  Du blanc au noir, du vert au jaune,
  Il ne sut contenter personne,
  Et se fit beaucoup d'ennemis.

JEAN-FRANCOIS GUICHARD
(1731-1811)

L'ours et le singe

Dans une foire, pesamment,
À droite, à gauche se mouvant,
Un ours dansait, et... quelle danse !
À grands éclats riait la nombreuse assistance.
« On m'admire », dit-il... Petit singe,
[à son tour,
Acteur dans la pièce du jour,
Sur corde préparée adroitement s'élance,
Y saute, se balance,
Suit tous les mouvements qu'indique
[le tambour.
D'un cercle ensuite il offre l'apparence,
Puis s'allongeant contrefait le pendu.
L'ours le veut imiter malgré sa corpulence :
À la corde (quelle imprudence !)
Il s'accroche, la brise, et retombe étendu.

Ne forçons point le caractère,
Et faisons seulement ce que nous savons
[faire.

ALPHONSE ALLAIS
(1854-1905)

Le châtiment de la cuisson appliqué aux imposteurs

Chaque fois que les gens découvrent
[son mensonge,
Le châtiment lui vient, par la colère accru.
« Je suis cuit, je suis cuit ! » gémit-il comme
[en songe.

Le menteur n'est jamais *cru*.

Le mariage d'une jeune niaise

Bête à ne savoir pas dire la moindre phrase,
Cette dinde épousa Gontran de Saint-Omer
Qu'elle voyait depuis vingt ans aux bains
[de mer.

Tant va la cruche à l'eau qu'enfin elle se case.

Lorsque tu vois un chat de sa patte légère
Laver son nez rosé, lisser son poil si fin,
Bien fraternellement embrasse ce félin.

Moralité
S'il se nettoie, c'est donc ton frère.

16 janvier 1900

Le géant et la balance[1]

Sur l'automatique balance
Pour connaître son poids un lourd géant
[monta ;
Il mit deux sous, conformément
[à l'ordonnance.
Mais il était si lourd que tout se détraqua.
Il ne faut pas jucher les géants sur la balance[2].

1. Pour bien comprendre le dernier vers, essayez de le lire avec un accent alsacien ou allemand ! Et tout est plus simple si on lit « les gens »...
2. « Le dernier vers est un peu long, mais je trouve que ça peint bien un géant ; et puis, avec le temps, ça se fera. D'ailleurs, quand treize syllabes se trouvent réunies dans un vers, c'est comme quand treize personnes se trouvent réunies autour d'une table ; il y en a toujours une qui meurt dans l'année. Vous verrez qu'en 1902, mon vers sera très bien.

22 juin 1901

JEAN ANOUILH
(1910-1987)

Le chêne et le roseau

Le chêne un jour dit au roseau :
« N'êtes-vous pas lassé d'écouter cette fable ?
La morale en est détestable ;
Les hommes bien légers de l'apprendre
[aux marmots.
Plier, plier toujours, n'est-ce pas déjà trop,
Le pli de l'humaine nature ? »
« Voire, dit le roseau, il ne fait pas trop beau ;
Le vent qui secoue vos ramures
(Si je puis en juger à niveau de roseau)
Pourrait vous prouver, d'aventure,
Que nous autres, petites gens,
Si faibles, si chétifs, si humbles, si prudents,
Dont la petite vie est le souci constant,
Résistons pourtant mieux aux tempêtes
[du monde,
Que certains orgueilleux qui s'imaginent
[grands. »

Le vent se lève sur ses mots, l'orage gronde.

Et le souffle profond qui dévaste les bois,
    Tout comme la première fois,
Jette le chêne fier qui le narguait par terre.
« Eh bien, dit le roseau, le cyclone passé –
Il se tenait courbé par un reste de vent –
    Qu'en dites-vous donc mon compère ?
(Il ne se fût jamais permis ce mot avant)
Ce que j'avais prédit n'est-il pas arrivé ? »
    On sentait dans sa voix sa haine
Satisfaite. Son morne regard allumé.
    Le géant, qui souffrait, blessé,
    De mille morts, de mille peines,
    Eut un sourire triste et beau ;
Et, avant de mourir, regardant le roseau,
    Lui dit : « Je suis encore un chêne. »

FRANCOISE SAGAN
(1935-2004)

La fourmi et la cigale

La fourmi ayant stocké
Tout l'hiver
Se trouva fort encombrée
Quand le soleil fut venu :
Qui lui prendrait ses morceaux
De mouches ou de vermisseaux ?
Elle tenta de démarcher
Chez la cigale, sa voisine,
La poussant à s'acheter
Quelques grains pour subsister
Jusqu'à la saison prochaine.
« Vous me paierez, lui dit-elle,
Après l'août, foi d'animal,
Intérêt et principal. »
La cigale n'est pas gourmande :
C'est là son moindre défaut.
« Que faisiez-vous au temps froid ?
Dit-elle à cette amasseuse.
– Nuit et jour à tout venant
Je stockais, ne vous déplaise.
– Vous stockiez ? j'en suis fort aise ;
Eh bien soldez maintenant. »

RAYMOND QUENEAU
(1903-1976)

La fourmi et la cigale

Une fourmi fait l'ascension
d'une herbe flexible
elle ne se rend pas compte
de la difficulté de son entreprise

elle s'obstine la pauvrette
dans son dessein délirant
pour elle c'est un Éverest
pour elle c'est un mont Blanc

ce qui devait arriver arrive
elle choit patatratement
une cigale la reçoit
dans ses bras bien gentiment

eh dit-elle point n'est la saison
des sports alpinistes
(vous ne vous êtes pas fait mal, j'espère ?)
et maintenant dansons dansons
une bourrée ou la matchiche

Le rat des villes et les rats des champs

Un rat des villes
s'en vint aux champs
se mettre au vert
chez ses parents
de pauvres petits paysans
ils entassaient pour leur vieil âge
des grammes et des grammes de gruyère
qu'un gros matou du voisinage
venait dévorer voracement
et les pauvres petits paysans
accumulant accumulant
ne faisaient que nourrir ce vilain personnage
et il ne leur resterait rien pour leur vieil âge
le rat des villes s'étonnait
de ce curieux système de sécurité
sociale
puis il se fit une raison
mangea lui aussi du gruyère
et passa d'agréables vacances
dans un joli coin de la douce France
du côté de la frontière suisse

La cimaise et la fraction[1]

La cimaise ayant chaponné tout l'éternueur
Se tuba fort dépurative quand la bixacée fut
[verdie :
Pas un sexué pétrographique morio
[de mouffette ou de verrat.
Elle alla crocher frange
Chez la fraction sa volcanique
La processionnant de lui primer
Quelque gramen pour succomber
Jusqu'à la salanque nucléaire.
« Je vous peinerai, lui discorda-t-elle,
Avant l'apanage, folâtrerie d'Annamite !
Interlocutoire et priodonte. »
La fraction n'est pas prévisible :
C'est là son moléculaire défi.
« Que ferriez-vous au tendon cher ?
Discorda-t-elle à cette énarthrose.
– Nuncupation et joyau à tout vendeur,
Je chaponnais, ne vous déploie.
– Vous chaponniez ? J'en suis fort alarmante.
Eh bien ! dégaboulez maintenant. »

1. Ce texte résulte de l'application à « La cigale et la fourmi » (La Fontaine) de la méthode oulipienne de « 5 + 7 » : chaque mot de la fable initiale est remplacé par le septième mot suivant (de même nature grammaticale) dans le dictionnaire.

CHARLES CLERC
(xxᵉ siècle)

La cigale et la fourmi

La cigale, ayant compris
        Les avis
De la fourmi sa voisine,
Avait dansé tout l'hiver…
Et chacun payait si cher
Pour voir notre ballerine,
Son art était si plaisant
        Qu'à présent
L'imprévoyante était si riche,
Sauf la fourmi, toujours chiche,
Tout un peuple la traitait
En artiste qu'elle était,
En reine des élégances.
Pour assister à ses danses,
Les abeilles, les bourdons
    Comblaient de dons
        La vedette.
Or, il advint qu'un beau jour
Le peuple insecte et sa cour
S'avisèrent d'être en quête
De quelque intendante honnête.

Aussitôt dame fourmi
Intrigua fort, et se mit
Sur les rangs, proclamant comme
Elle était sage, économe,
Apte en tous points à veiller
Sur les biens d'un peuple entier.
Elle allait être choisie
Quand la cigale intervint :
« J'accuse cette chipie
D'accaparer notre grain,
Dit-elle. Que l'on enquête ! »
La cigale disait vrai.
Au fond d'un grenier secret
Sa voisine malhonnête
Avait, en pleine disette,
Mis en réserve un trésor,
Pour le revendre à prix d'or.
Un tribunal d'importance
Rendit contre elle sentence.
    On prétend
    Qu'à cet instant
    La cigale
    Dans la salle
Lui dit ironiquement :
« J'ai mon tour, ne vous déplaise.
Vous trafiquiez ? À votre aise !
Restituez maintenant ! »

FÉLIX LECLERC
(1914-1988)

La chanson du pharmacien

La fille en coupant son pain
s'est coupée dedans la main.
Affolée et en criant
a couru chez l'pharmacien.

Rendue chez le pharmacien,
on cherchait un assassin
qui v'nait d'tuer le pharmacien
dans un coin.

Quand la fille est arrivée
on l'a d'abord soupçonnée.
On lui a barré l'chemin
à caus' du sang dans la main.

« Mais c'est en coupant mon pain
que j'me suis coupé la main ! »
Les voisins, l'œil en coin,
disaient : « C'est pas bien malin. »

Elle a dit : « Bande de crétins,
je vais vous faire voir le pain. »
Mais de pain, y en avait point.
Il était dans l'ventre du chien.

Elle a ri et elle a geint.
Que pensez-vous qu'il advint ?
On l'a mise dans le moulin,
ell' sera pendue demain.

Quand vous couperez le pain
ne vous coupez pas la main,
surtout si un assassin
vient de tuer le pharmacien.

RENÉ DE OBALDIA
(né en 1918)

Petite ritournelle impériale

N*apoléon à Sainte-Hélène*
Filait doux filait la laine
À Sainte-Hélène, Napoléon
Filait doux, comme un mouton.

Il faisait tout seul son lit
Brossait son chapeau verni
Astiquait tous ses boutons
Écrivait à son tonton.

Disait sans arrêt « merci »
En se courbant jusqu'à terre
« Quel temps fait-il aujourd'hui ?
Mes respects à votre mère. »

On n'aurait jamais pu croire
À le voir aussi poli
Que de la France l'Histoire
Il avait changé le pli.

Que des régiments de larmes
Escortaient ses déplacements,
Qu'il avait, prenant les armes,
Cliqueté énormément.

Napoléon à Sainte-Hélène
Filait doux filait la laine
À Sainte-Hélène, Napoléon
Filait doux, comme un mouton.

À rencontrer ce petit
Privé de grand uniforme
Et qui mettait tant de forme
À ne pas gêner autrui,

À demander son chemin
Des nouvelles de son voisin
À ramasser du crottin
Pour soigner son rhume des foins,

Difficile de se douter
À moins d'être du peloton
Que ce corps d'humilité
Cachait son Napoléon !

Tout le jour à son rouet
La nuit il parlait aux morts.
Son aigle, à côté, muet
Partageait son triste sort.

Empereur et volatile
Filaient un mauvais coton
Tous deux prisonniers d'une île
Et déjà, d'une chanson :

Napoléon à Sainte-Hélène
Filait doux filait la laine
À Sainte-Hélène, Napoléon
Filait doux, comme un mouton.

Moralité
L'arrogance du fort s'éteint comme une braise
Quand il n'est plus certain de filer à l'anglaise.

JEAN ROUSSELOT
(1913-2004)

L'ordinateur et l'éléphant

Parce qu'il perdait la mémoire
Un ordinateur alla voir
Un éléphant de ses amis :
« – C'est sûr, je vais perdre ma place,
Lui dit-il, viens donc avec moi.
Puisque jamais ceux de ta race
N'oublient rien, tu me souffleras.
Pour la paie, on s'arrangera. »

Ainsi firent les deux compères.
Mais l'éléphant était vantard :
Voilà qu'il raconte ses guerres,
Le passage du Saint-Bernard,
Hannibal et Jules César...

Les ingénieurs en font un drame :
Ça n'était pas dans le programme !
Et l'éléphant, l'ordinateur
Tous les deux, les voilà chômeurs.

De morale je ne vois guère
À cette histoire, je l'avoue.
Si vous en trouvez une, vous,
Portez-la chez le Commissaire ;
Au bout d'un an, elle est à vous
Si personne ne la réclame.

JACQUES ROUBAUD
(né en 1932)

La pieuvre

La pieuvre à l'œil mélancolique
au-dessus d'un sourire amer
attend sur le fond de la mer
la caméra panoramique

qui va filmer sa lutte épique
contre un scaphandrier pervers
d'Hollywood ; on lui a offert
des quantités astronomiques

de dollars pour qu'elle succombe
au cinquième round, gentiment
alors qu'elle pourrait aisément

et d'un bras... Voyez comme on tombe
bas, quand on veut être riche
et avoir son nom sur l'affiche.

PIERRE PERRET
(né en 1934)

La tortue et les deux canards

Un'tortue qui avait un désert sous l'chignon
(Bref) qui avait pas inventé les patins
[à roulettes
Se caillait la laitance[1] à cause de deux trognons
De p'tits canards futés qui s'prenaient pour
[des jets.
Un peu rouleurs, les gars, y faut bien dire
De la gross'balayeuse se payaient la tirelire.
C'qu'elle voulait c'est voler, la mémère
[écaillée,
S'envoler au plaftard[2] et traverser la Manche
Laisser choir son balai et... s'emparer
[du manche.
Essayant mill' façons de pouvoir se tailler
Elle bricole des engins qui sont pas très
[au point
Et elle prend des gamelles, des bûches et
[des gadins[3],
Mais à force de rogne, de jurons dégoisés[4],
Un beau jour elle s'arrache avec une fusée

Ell' se prend les pinceaux sans dout' dans
[l'gouvernail
Et ell' piqu' le tarbouif[5] aussi sec dans la baille[6].
Comm' la tortue coulait dans le sirop
[d'pébroqu'[7]
Les canards héroïqu's la rattrap'nt par le froc
Ça y est, elle vole enfin, mais cette grande
[niaise
Ouvre si grand le bec pour mieux ram'ner
[sa fraise[8]
Qu'aussi sec elle se crashe
Vers le plancher des vaches.

Moralité
Comme disait mon aïeul
Avant qu'le bourreau l'exécute
Quand on a un' grand' gueul'
Vaut mieux avoir un parachute.

1. Se cailler la laitance : se faire du souci.
2. Plaftard : plafond.
3. Prendre des gamelles, des gadins : tomber, faire une chute.
4. Dégoiser : tenir des propos abondants, parfois inconsidérés, voire médisants.
5. Tarbouif : nez.
6. La baille : l'eau de rivière ou de mer.
7. Pébroque : parapluie.
8. Ramener sa fraise : rouspéter. Se mettre en évidence.

JACQUES JOUET
(né en 1947)[1]

I, 2

Vanité du corbeau que la pommade plume.

II, 9

Savoir qu'on est toujours le vaincu
[de quelqu'un.

V, 19

Tout le monde à son poste et
[le meilleur à chaque.

VIII, 9

Le rat qui n'a rien vu se laissera gober.

VIII, 17

L'aide ne viendra pas de qui l'on prit
[de haut.

X, 2

Elle eut pour assassin sa parole dernière.

1. Ces poèmes de Jacques Jouet sont tirés d'un recueil intitulé *Monostication de La Fontaine*. Un monostique est un poème d'un seul vers – en l'occurrence, un alexandrin. Jacques Jouet réduit donc chaque fable de La Fontaine à un seul alexandrin.

Postface

de Dominique Moncond'huy

Une émission affable

... Ne croyez pas ça ! Les fables ne sont pas ce qu'elles semblent être...

(sourire amusé du fabuliste interviewé, réactions d'étonnement du public dans le studio)

– Attendez, attendez, reprit l'animateur de Radio Bunny, vous voulez dire, cher Thierry Château, que la fable n'est pas toujours claire ? Pourtant, elle se termine souvent par une moralité : c'est comme une leçon qu'on nous donne, non ?

– Mais oui, bien sûr, sauf que la fable doit surtout plaire... Elle doit séduire, sinon on ne l'écoute même pas... La Fontaine le dit plusieurs fois ! Regardez « Le pouvoir des fables », un de ses plus beaux poèmes : la fable utilise la fiction, des histoires inventées, des mensonges, si vous voulez, pour parvenir à une vérité. Et, sans cette fiction, personne n'y prêterait attention !

– C'est un peu paradoxal, non ? Moi, on m'a toujours appris qu'il fallait dire la vérité... *(Rires du public.)* Eh oui, à l'école, on m'apprenait même que c'est pas beau de mentir ! *(Gloussements de l'animateur.)*

– Bien sûr, mais il ne s'agit pas de mentir pour tromper : il faut recourir à des histoires inventées, totalement invraisemblables même, quand on y pense, pour intéresser les auditeurs. Qui peut croire qu'une tortue et un lièvre disputent effectivement un cent mètres pour vérifier que l'un court plus vite que l'autre ? Et pourtant, ça passionne bien plus les gens qu'un discours général, abstrait, sans pittoresque... On joue le jeu parce qu'on a envie qu'il y ait un vainqueur et un vaincu. Et, en général, on préfère que le plus faible l'emporte...

– Ça c'est vrai ! Quel plaisir de voir la tortue gagner ! Moi, je crois même que j'aimerais voir le corbeau réussir à tromper le renard, et non l'inverse.

– D'ailleurs, certains auteurs, réécrivant La Fontaine, l'ont fait gagner !

– Est-ce à dire, cher Thierry, que le fabuliste provoque du suspense ou nous fait éprouver de la pitié pour mieux nous plaire ?

– Eh bien, oui : on tremble pour la tortue, on tremble pour le...

– Justement, c'est parfois très cruel, l'univers des fables ! L'agneau, ça serre le cœur de voir ce qui lui arrive face au loup, non ? *(Murmures d'approbation du public.)*

– Vous avez tout à fait raison… « Le loup et l'agneau », c'est une fable qu'on devrait interdire aux enfants ! Quelle violence ! Regardez comment ça se termine : « Le loup l'emporte, et puis le mange,/Sans autre forme de procès. » C'est drôlement brutal, quand même… surtout grâce au dernier vers, qui ferme totalement la porte. Un autre exemple ? « Le petit poisson et le pêcheur ». Vous vous souvenez de l'ouverture du poème ? « Petit poisson deviendra grand,/Pourvu que Dieu lui prête vie. » On oublie toujours le deuxième vers – beaucoup moins optimiste que le premier ! C'est ça, le jeu du poème : on s'arrête à la fin du vers, il semble énoncer une vérité et, suspense ! le vers suivant change tout ! Bref, l'agneau était condamné d'avance… et le petit poisson aussi, mine de rien ! *(Ouuuuh !)*

– Et si la victime était un animal moins mignon, moins doux, un coq insupportable par exemple, qui nous réveillerait trop tôt tous les matins ?

– Peut-être qu'on serait ravi de voir le loup nous en débarrasser, en effet ! Mais n'oubliez pas le plus frappant, la moralité, qui ouvre ici la fable, comme il arrive quelquefois : « La raison du plus fort est toujours la meilleure » ! Si vous y songez bien, cette moralité-là remet en cause toute fable : pourquoi chercher à s'améliorer, à tolérer l'autre, à regarder le monde avec amour et compassion si « La raison du plus fort est toujours la meilleure » ?

– Belle question ! Chacun pourra la méditer durant cette courte page publicitaire. À tout de suite !

– Retour en direct avec notre invité, le fabuliste Thierry Château. Vous nous disiez donc que, loin d'être un univers rêvé où tout finit bien, la fable peut se révéler très dure. Heureusement, le fabuliste propose une moralité ; il veut donc nous aider, je suppose, à éviter les pièges et les déconvenues de la réalité, peut-être même les pièges de ses propres textes ? Car puisqu'il nous dit tout, on ne devrait pas se laisser tromper, non ?

– Oui mais vous savez bien que la moralité, on la connaît d'avance. En réalité, on a même tendance à s'en moquer ! Depuis le temps que la fable sert, dit-on, à l'éducation des enfants ! Si on avait tous appliqué la morale des fables qu'on a lues à l'école, on serait devenus très sages ! *(Applaudissements du public.)* Sans compter que, d'une fable à l'autre, les choses sont moins simples qu'il n'y paraît. Prenez « Le lion et le moucheron » ; la fable nous apprend « qu'entre nos ennemis/Les plus à craindre sont souvent les plus petits ». Mais deux poèmes plus loin, le même La Fontaine affirme qu'« On a souvent besoin d'un plus petit que soi ». Vous y comprenez quelque chose, vous ? *(Rires du public.)*

– Attendez, attendez, c'est moi qui pose les questions, d'ordinaire ! répondit l'animateur interloqué.

– Pourtant si vous aviez relu La Fontaine de près avant votre émission, vous auriez pu me répondre, et d'abord éviter de me poser une question idiote... Tel est pris qui croyait prendre ! Allez, je plaisante ! Cela dit, quelle moralité tirez-vous de la difficulté qui est la vôtre ? Seriez-vous donc le corbeau de la fable, et moi votre renard ? *(Rires du public.)*

– Comment ? Euh... Il faut que je la relise avant de vous répondre... Je ne manquerai pas de le faire, mais vous, vous ne nous avez pas expliqué comment résoudre la difficulté que vous exposiez...

– C'est pourtant simple, et la solution est chez La Fontaine lui-même : entre les deux fables apparemment contradictoires en intervient une autre, qui permet à l'auteur de conclure « qu'il ne faut point/Agir chacun de même sorte ».

– Mais alors, il n'y a plus de leçon qui vaille pour tout le monde ? Plus de règle, de vérité ? C'est très décevant, non ?

– Pas du tout ! ça prouve seulement que chaque fable réinvente sa propre leçon...

– Eh bien, pour le moment, réinventons les messages publicitaires ! À tout de suite !

> Selon son horoscope, Monsieur Alphonse doit
> Redoubler de prudence dans les tout prochains jours
> Car il a tout à craindre d'une chute d'en haut.
> C'est en marchant dans la rue
> En portant toute son attention à
> Ce qui pouvait lui tomber sur la tête
> Qu'il tomba final'ment dans une bouche d'égout,
> Ouverte pour travaux.
> Le trop d'attention qu'on a pour le danger
> Fait le plus souvent qu'on y tombe.
>
> Si Monsieur Alphonse avait eu toute confiance dans son assurance, il n'aurait pas lu son horoscope… Bien choisir son assurance ? Un pas vers l'avenir !
>
> C'était un message des Assurances Droit devant !

– Cher Thierry Château, encore quelques minutes en votre compagnie. Comme vous le savez, on en arrive aux deux épreuves imposées par l'émission : l'objet insolite et la question au public. Vous avez pensé à nous ?

– Bien sûr ! Je vous ai apporté une vieille boîte d'apothicaire, vous savez, les anciens pharmaciens… Regardez ! *(Manifestations d'étonnement du public…)* Comme vous voyez, cette boîte est décorée de figures grotesques, de serpents, de chimères, de dragons, et d'hippogriffes. Bizarre, non ? *(Il montre la boîte au public.)*

– Bizarre autant qu'étrange, certes ! et qu'y a-t-il à l'intérieur ?

– Des antidotes contre les poisons, des médicaments ! Et comme le dit Eustache Le Noble, un fabuliste de la fin du XVIIe siècle : de même qu'il ne faut pas seulement rire des figures grotesques représentées sur les boîtes mais ouvrir les boîtes elles-mêmes pour y trouver les remèdes, de la même façon le lecteur ne doit pas s'en tenir au récit d'une fable mais « en creuser le sens », dit le bon Eustache, et en tirer leçon... *(Applaudissements du public.)*

– Grand merci, en effet, au grand Eustache ! La question au public, pour terminer ?

– Oui, alors, ce n'est pas exactement une question. Plutôt une histoire à terminer... Vous connaissez tous Tintin et Milou ? *(OUI !!!!!!)* Voici donc la situation : Tintin et Milou, à la poursuite d'un dangereux bandit, s'aventurent dans un réseau de grottes souterraines. Sur le point de le rattraper, Tintin aperçoit le bandit qui tient un énorme bâton de dynamite à la main. Et s'il allume la mèche et lance le bâton vers lui ? C'est sûr, l'explosion risque de provoquer un éboulement et de le bloquer dans la grotte... Que faire ? Continuer à le poursuivre et risquer d'être blessé ? rebrousser chemin au plus vite ? Tintin s'interroge... Que va-t-il décider ?

Eh bien, je vous propose quatre réponses :

Premièrement, notre jeune héros écoute le conseil avisé de son chien préféré : « N'attends pas, donne un coup de reins, Tintin, et fonce vers la sortie avant qu'il ne soit trop tard. Tu le sais bien : Rien ne sert de courir ; il faut partir à point. »

Deuxièmement : Boum ! Notre jeune héros a perdu trop de temps à hésiter... et le voilà bloqué par des amas de rochers gigantesques ! Heureusement, l'explosion a dégagé un couloir très étroit, trop étroit pour lui pourtant... Seul Milou peut le sauver, en s'enfuyant pour aller chercher du secours... Moralité : On a souvent besoin d'un plus petit que soi.

Troisièmement : « Aide-toi le Ciel t'aidera ! » se dit le bouillant reporter ! Tintin se précipite sur le bandit et l'assomme d'un grand coup de bâton.

Quatrièmement (c'est une variante !) : « Aide-toi le Ciel t'aidera ! » se dit le bouillant reporter ! Tintin se précipite sur le bandit... et la dynamite explose, le réduisant en une multitude de petits tintins miniatures... Moralité : La raison du plus fort est toujours la meilleure.

À vous de jouer !

– À vos commandes ! Votez !

...

Voilà, c'est terminé ! Résultat : 26 % du public votent pour la fuite avisée, 3 % pour l'hésitation, 71 % pour la victoire à coups de bâton ! *(Applaudissements du public.)* Une analyse pour terminer, cher Thierry Château ?

– En dépit de la complexité des facteurs pouvant expliquer un tel vote, on voit clairement apparaître deux tendances : les prudents et les optimistes ! Le public, visiblement, s'interdit majoritairement de penser que Tintin peut hésiter, et plus encore qu'il peut être tué par manque de lucidité !

– Les héros sont éternels !

– Oui, mais vous avez remarqué qu'une même histoire peut déboucher, au prix de quelques aménagements, sur des moralités très différentes ? On peut aussi s'amuser à combiner tout cela... Tintin se précipite sur le bandit. Et comme rien ne sert de courir et qu'il faut partir à point, le bandit est rattrapé... Moralité : La raison du plus fort est toujours la meilleure. Mais le plus fort n'est pas toujours celui qu'on croit...

– Merci, bonsoir à tous !

(Applaudissements.)

Note de l'éditeur : Êtes-vous attentif, ami lecteur ? Combien de fables ont été citées dans cette postface ? Et combien de moralités ont été réutilisées ? Relisez donc ce texte... et les fables de La Fontaine ! Et si vous cherchez la ville natale de La Fontaine, vous constaterez que le fabuliste de notre émission a pris un drôle de pseudonyme...

Références bibliographiques

Ésope, *Fables*, trad. É. Chambry, Paris, Les Belles-Lettres, 1960

Phèdre, *Fables* (trad. D. Moncond'huy)

Marie de France, *Les Fables* (trad. D. Moncond'huy)

Jean de La Fontaine, *Fables*

Eustache Le Noble, *Contes et fables, ou l'Esprit du sage* (1697)

Houdar de La Motte, *Fables nouvelles* (1719)

Guillaume-Antoine Le Monnier (1721-1797), *Fables, contes et épîtres* (1773)

Jean-Pierre Claris de Florian, *Fables* (1792)

Alexis Piron (1689-1773), *Fables*

Antoine Vitallis, *Fables* (an III)

Jean-François Guichard, *Fables et autres poésies* (1802)

Alphonse Allais, *Fables, Fables de Joinville, Fables d'Ésope fils*, réédité dans *Par les bois du Djinn Parle et bois du gin, Poésies complètes*, Paris, *Poésie*/Gallimard, 2005

Jean Anouilh, *Fables*, Paris, Éditions de La Table Ronde, 1967

Françoise Sagan, dans *La Cigale et la Fourmi, trente versions inédites* (collectif), Safrat, 1989

Raymond Queneau, *Battre la campagne*, Gallimard, 1968 ; *La Littérature potentielle*, Gallimard, 1973

Charles Clerc, *Fables à l'envers*, Paris, Hachette

Félix Leclerc, © Éditions Raoul Breton

René de Obaldia, *Innocentines*, Paris, Grasset, 1969

Jacques Roubaud, *Les Animaux de tout le monde*, Seghers Jeunesse, 2004

Jean Rousselot, *Petits Poèmes pour cœurs pas cuits*, Paris, Le Cherche midi, coll. « L'Enfant et la poésie », 1976

Pierre Perret, *Le Petit Perret des Fables*, Paris, Jean-Claude Lattès, 1990

Jacques Jouet, *Monostication de La Fontaine*, publié dans « La Bibliothèque oulipienne », n° 72, 1995, repris dans Oulipo, *La Bibliothèque oulipienne*, Bordeaux, Le Castor astral, vol. 5, 2000

Table

Cet ouvrage a été imprimé en France par CPI
en août 2021

N° d'édition : 62896/14 – N° d'impression : 165630
Dépôt légal : mars 2011